La autoridad del creyente

Lo que no aprendiste en la iglesia

Andrew Wommack

© 2023 por Andrew Wommack

Publicado por Andrew Wommack Ministries
Woodland Park, Co 80863

Impreso en los Estados Unidos de América. Todos los derechos reservados. Ninguna porción de este libro podrá ser reproducida, almacenada en algún sistema de recuperación, o transmitida en cualquier forma o por cualquier medio —electrónico, mecánico, fotocopia, escaneo, grabación u otro— excepto por citas breves en revisiones críticas o artículos, sin la autorización previa por escrito de la editorial.

Título en inglés: *Introduction to the Believer's Authority: What you didn't learn in church*
© 2023 por Andrew Wommack
Publicado por Harrison House Publishers
Shippensburg, PA 17257
Harrisonhouse.com

A menos que se indique lo contrario, el texto bíblico ha sido tomado de la Santa Biblia, Versión Reina-Valera 1960© 1960 por Sociedades Bíblicas en América Latina, © renovado 1988 por Sociedades Bíblicas Unidas. Utilizado con permiso. Reina-Valera 1960® es una marca registrada de la American Bible Society y puede ser usada solamente bajo licencia.

Versión Reina Valera Actualizada, Copyright © 2015 por Editorial Mundo Hispano. Utilizado con permiso.

Todo el énfasis dentro de las citas bíblicas es del autor.
Traducción: Citlalli Macy

ISBN 13 TP: 978-1-5954-8590-8

ISBN 13 eBook: 978-1-6675-0750-7

1 2 3 4 5 6 / 26 25 24 23

Contenido

Introducción 1
Satanás no tiene poder propio 3
¿Quién hizo a Satanás? 6
El dominio otorgado al hombre 8
Dios de este mundo 11
Principados, potestades, gobernadores y regiones celestes 14
Cuidado con el enemigo 17
Enójate con el diablo 20
Satanás utiliza a las personas 23
Reprender la incredulidad 26
Las palabras tienen poder 29
Háblale a tu montaña 32
Contéstale a tus problemas 35
«No se afanen diciendo» 37
Interceder por otra persona 40
Hacer la diferencia 44
Conclusión 47
Recibe a Jesucristo como tu Salvador 51
Recibe el Espíritu Santo 53
Llama para pedir oración 55
El autor 57

Introducción

Suelo mezclarme con el público una hora antes de cada servicio y platicar con la gente. Yo diría que eso me da una idea bastante clara de las situaciones con las que las personas están batallando. He escuchado de todo, y el error número uno que veo que la gente comete se debe a que no entienden su autoridad en Cristo.

Santiago 4:7b dice: «*Resistid al diablo, y huirá de vosotros*». Sin embargo, el creyente promedio le pide a Dios, o a mí, que hagamos lo que el Señor les dijo que hicieran. Tenemos que resistir al diablo, y él huirá de nosotros. La gente sabe que Dios *puede* hacer cualquier cosa; ellos creen que Él tiene el poder de hacer algo, pero no se dan cuenta de que Él *ya* lo hizo. Simplemente se acercan a Dios como un mendigo y dicen: «Oh Dios, ¿podrías por favor hacer esto?». Luego, si no ven resultados, lo toman como algo personal, como si Dios no los hubiera considerado como dignos.

Otra cosa que hacen es orar, pero no actúan conforme a su fe. No sabría decirte cuántas veces me han dicho que están «esperando a que Dios» haga algo.

Quizá te sientes atorado. Tal vez te han enseñado a «esperar en el Señor» y no estás viendo que Su voluntad se realiza en tu vida. Si tú estás experimentando oposición a lo que Dios te llamó a hacer en el ministerio, los negocios, o cualquier otra área de la vida, quiero que sepas que Él te ha dado autoridad por medio de Jesucristo para hacer un camino donde no parece haber un camino —para mover las montañas que te están impidiendo el éxito.

Voy a compartir contigo algunas de las cosas más fundamentales que Dios me ha mostrado, y te garantizo que esto va a incomodar a la religión. No estoy en contra del verdadero cristianismo. Soy un creyente, y sé que la iglesia es el agente de Dios aquí en la tierra. Pero gran parte de la religión de hoy, incluso lo que se llama religión cristiana, no predica ni proclama la verdad. Le ha enseñado a la gente que Dios controla soberanamente las cosas de una manera que nos exime de toda nuestra responsabilidad para usar nuestra autoridad.

Muchos cristianos simplemente no entienden que Dios nos ha delegado la autoridad, y que no es Dios quien permite que el diablo arruine la vida de las personas. Somos nosotros. Somos nosotros los que tenemos poder y autoridad, y los que le hemos otorgado poder al diablo.

En este libro de bolsillo, voy a compartir algunas cosas que, te puedo asegurar, van a ser contrarias a muchas de las cosas que has escuchado. Pero si puedes recibirlo, te ayudará.

Puedo decir sinceramente que, de todas las cosas que he visto que Dios ha hecho en mi vida, ésta es una de las más importantes que me ha mostrado: Estamos en una batalla espiritual y, como creyentes, tenemos autoridad.

Satanás no tiene poder propio

Por lo demás, hermanos míos, fortaleceos en el Señor y en el poder de su fuerza. Vestíos de toda la armadura de Dios, para que podáis estar firmes contra las asechanzas del diablo.

Efesios 6:10-11

Fíjate en la palabra *asechanzas* (en inglés *wiles*[1]) literalmente significa «astucia, trampa y engaño». En otras palabras, significa «mentiras». Satanás no tiene ningún poder propio. Una de las cosas que voy a explicar es de dónde obtuvo Satanás su poder. No lo obtuvo de Dios. Sé que puedes estar pensando: Bueno, entonces ¿de dónde lo sacó?

Lo obtuvo de ti y de mí. Sé que puede resultar sorprendente, pero espero que no cierres este libro de bolsillo antes de darme la oportunidad de explicártelo. La única verdadera arma que Satanás tiene en tu contra es el engaño. Pero, renovar tu mente (Ro. 12:2) con la Palabra de Dios vencerá el engaño. El poder del engaño se rompe totalmente una vez que conoces la verdad. Esta es la razón por la que Jesús dijo en Juan 8:32, «*conoceréis la verdad, y la verdad os hará libres*». Pero es solo la verdad que *conoces* la que te hace libre. Se refiere a algo más que un mero conocimiento intelectual. Es un conocimiento experimental, como cuando Adán «conoció» a Eva, y como resultado tuvieron un hijo (Gn. 4:1). Es la intimidad que solo viene con la experiencia.

Jesús declaró (Jn. 17:17) que cuando estamos apartados y entendemos la verdad de Su Palabra de una manera íntima y experimental, entonces seremos liberados de todas nuestras ataduras.

Creo que la autoridad del creyente es una de las cosas menos comprendidas entre los cristianos. Es porque muchos cristianos simplemente no se han hecho conscientes de una manera íntima, de la verdad, y eso es lo que los ha mantenido como esclavos de las mentiras de Satanás. Yo fui criado en una iglesia que nos enseñó a creer que todos los demonios estaban en algún país del tercer mundo; pero con toda seguridad, no estaban en América. Sin embargo, cualquiera que esté espiritualmente alerta, sabe que hay actividad demoníaca dondequiera que vayas. Simplemente tendemos a mirar las cosas en un nivel superficial y no vemos que el origen de muchas cosas que suceden a diario —cosas que nos molestan y nos atacan— son espirituales. No reconocemos la influencia espiritual que hay detrás de las cosas. Por eso necesitamos estar en guardia contra las mentiras de Satanás y permanecer firmes en la verdad de la Palabra de Dios.

> La única arma real de Satanás contra ti es el engaño.

¿Quién hizo a Satanás?

La mayoría de los cristianos creen que la respuesta a esta pregunta es obvia: «Dios creó a Satanás», podrían decir. Pero, en realidad, eso no es cierto. Dios creó a Lucifer. Eso puede parecer una pequeña diferencia a primera vista, pero una vez que entiendes quién realmente hizo a Satanás, cambiará la perspectiva que tienes de él para siempre.

Yo creo que Dios creó todo, incluyendo a Lucifer. Éste fue creado como un poderoso ángel ungido. Ezequiel 28:13–14 dice que Lucifer estaba en el Jardín del Edén, que *«toda piedra preciosa»* era su vestidura, que instrumentos musicales («*tamboriles*» y *«flautas»*) fueron puestos en su interior, y que era un «querubín *ungido*». (Un querubín no es un bebé regordete con un pequeño arco y flecha, como se puede ver en el arte popular. Los querubines son ángeles guerreros enormes y poderosos). Lucifer estaba incluso *«en el santo monte de Dios»*. Pero él no estaba satisfecho con eso, y no siguió siendo el querubín ungido que Dios había creado.

La mayoría de la gente cree que Lucifer tomó un tercio de los ángeles y se rebeló contra Dios en el cielo, donde fue derrotado y luego arrojado a la tierra. Todo esto se deduce de una cita bíblica, Apocalipsis 12:4 (*«y su cola arrastraba la tercera parte de las estrellas del cielo, y las arrojó sobre la tierra»*), que es alegórica. No es una buena idea basar cualquier creencia en una sola cita bíblica (Dt. 17:6, Mt. 18:16, y 2 Co. 13:1); e incluso si un tercio de los ángeles se hubieran rebelado contra Dios, ¡Él habría prevalecido, aunque el 100 por ciento de los ángeles se hubieran rebelado!

Creo que Satanás estaba originalmente en esta tierra en el huerto del Edén como Lucifer. Era el ángel de Dios enviado a la tierra para ser una bendición para Adán y Eva. Hebreos 1:14 dice: «*¿No son todos espíritus ministradores, enviados para servicio a favor de los que serán herederos de la salvación?*» Lucifer no fue enviado a la tierra para tentar a Adán y Eva, sino para bendecirlos. Él era un ser angélico enviado para ser su protector, para ministrarles y servirles. Estaba allí en una misión divina, todavía en su estado perfecto. Fue en el huerto donde su transgresión contra Dios se concibió y llevó a cabo.

Ezequiel 28:15 continúa diciendo: «*Perfecto eras en todos tus caminos desde el día que fuiste creado, hasta que se halló en ti maldad*».

Ahora bien, nunca he podido seguir la lógica de que Dios haya enviado a Satanás a la tierra para tentar al hombre y ver cómo respondía. Como padre, ¿enviarías a tus hijos a jugar al patio trasero si hubiera leones u osos allí? Eso sería irresponsable. El Padre no nos haría eso a nosotros, y no se lo hizo a Adán y Eva. Entonces, ¿qué hizo que Lucifer se volviera contra Dios? Lucifer vio cómo Dios hizo algo por el hombre que nunca había hecho con ninguna otra de Sus creaciones. Cuando Dios creó al hombre, no sólo lo hizo a imagen y semejanza de Dios, sino que le dio autoridad incondicional sobre esta tierra.

El dominio otorgado al hombre

Y creó Dios al hombre a su imagen, a imagen de Dios lo creó; varón y hembra los creó. Y los bendijo Dios, y les dijo: Fructificad y multiplicaos; llenad la tierra, y sojuzgadla; y señoread en los peces del mar, en las aves de los cielos, y en todas las bestias que se mueven sobre la tierra.

Génesis 1:27–28

Fíjate que Dios no les dijo: «Ahora, mientras sigan mi guía y mientras hagan lo que yo quiero que hagan, les permitiré tener dominio sobre la tierra». No hubo ningún requisito para este poder y autoridad. Dios lo dijo y eso fue todo.

En el Salmo 89:34, Dios dice: *«No olvidaré mi pacto, ni mudaré lo que ha salido de mis labios».* Así que, cuando Dios creó y bendijo a la humanidad, dio Su palabra al respecto. Dios no puede mentir. Es la integridad de Su Palabra lo que sustenta todo el universo (He. 1:3). A lo largo del primer capítulo de Génesis, Dios por medio de Su Palabra le dio la existencia a las cosas. Hebreos 11:3 dice: *«El universo fue constituido por la palabra de Dios» (Reina Valera Actualizada – 2015).*

A diferencia de los seres humanos que pueden cambiar de opinión, Dios no violará Su Palabra. Cuando les dijo a Adán y Eva que tenían dominio, autoridad y poder para sojuzgar y someter, así lo hizo. Si estás familiarizado con el tercer capítulo de Génesis, podrías estar pensando: «¡Pero Satanás los engañó! ¿No debería haberlo detenido Dios?» Cuando Adán y Eva cayeron, Dios no podía simplemente decir: «¡Borrón y cuenta nueva!».

¡No! Una vez que Dios dice algo, eso es todo. No se puede volver atrás.

Ahora bien, Lucifer entendía la integridad de las palabras de Dios, y cuando escuchó esto, creo que su antena se puso alerta. Vio que Adán y Eva tenían algo que él quería, pero no tenía: tenían autoridad incondicional. De cierta manera, se habían convertido en los dioses de este mundo; era suyo para sojuzgarlo y someterlo.

El Salmo 115:16 dice: «*Los cielos son los cielos de Jehová; y ha dado la tierra a los hijos de los hombres*».

Como puedes ver, aunque Lucifer pudo haber sido el ángel número uno de Dios, él todavía quería más. Tenía celos y envidia. Isaías 14:13–14 dice,

Tú que decías en tu corazón: Subiré al cielo; en lo alto, junto a las estrellas de Dios, levantaré mi

trono, y en el monte del testimonio me sentaré, a los lados del norte; sobre las alturas de las nubes subiré, y seré semejante al Altísimo.

Lucifer no odiaba a Dios —estaba celoso de Dios. Quería ocupar el lugar de Dios. Por medio del hombre, Lucifer se dio cuenta de que podía tener la autoridad y el poder que no tenía.

Dios de este mundo

Cuando Dios dio autoridad a Adán y Eva, eso significó que Él ya no tenía el control directo. Él sólo podía funcionar en este mundo por medio de la gente porque Juan 4:24 dice, *«Dios es Espíritu»*. Él no es un ser físico. Lucifer se dio cuenta de esto, y por eso no atacó a Dios directamente. Ves, Satanás es tonto, pero no es ignorante. Como dije antes, él no podría haber derrotado a Dios con el 100 por ciento de los ángeles en el cielo, mucho menos con un tercio. Así que, en vez de eso, acosó a la humanidad, eligiendo atacar primero a Eva. Yo creo que Lucifer abordó primero a la mujer porque Dios le dijo a Adán que no comiera del fruto del árbol de la ciencia del bien y del mal (Gn. 2:16-17), antes de que ella fuera creada (Gn. 2:22). Eso significa que Eva no recibió la misma orden directamente de Dios. La recibió de Adán.

> Lucifer vio que podía tener la autoridad y el poder que aún no tenía.

Siempre que recibes algo por medio de otra persona, existe la posibilidad de que no lo haya dicho exactamente igual. ¿Has jugado alguna vez al juego en el que alguien dice algo y empieza en un extremo de la línea, y luego alguien susurra algo a la siguiente persona? Se supone que tienen que repetir la frase con exactitud a la siguiente persona, pero después de que pase por cinco o seis personas, puedes estar seguro de que no va a ser lo mismo. Hay algo que se pierde en la transmisión de persona a persona, y creo que la razón por la que Lucifer vino a Eva es porque ella recibió información de segunda mano.

Y mandó Jehová Dios al hombre, diciendo: De todo árbol del huerto podrás comer; mas del árbol de la ciencia del bien y del mal no comerás;

porque el día que de él comieres, ciertamente morirás.

Génesis 2:16-17

*Y la mujer respondió a la serpiente: Del fruto de los árboles del huerto podemos comer; pero del fruto del árbol que está en medio del huerto dijo Dios: No comeréis de él, **ni lo tocaréis**, para que no muráis.*

Génesis 3:2-3

Aunque Eva fue engañada, Adán sabía lo que estaba haciendo cuando tomó el fruto y comió (1 Ti. 2:14). Él escuchó el mismo mensaje que Eva, pero eso no lo engañó.

Entonces, ¿quién hizo a Satanás? ¡Nosotros lo hicimos! En el momento en que Adán y Eva se sometieron a Lucifer, éste se convirtió en Satanás, el dios de este mundo. En Romanos 6:16, el apóstol Pablo escribió,

¿No sabéis que si os sometéis a alguien como esclavos para obedecerle, sois esclavos de aquel a quien obedecéis, sea del pecado para muerte, o sea de la obediencia para justicia?

Lucifer comprendió que, si podía engañar a Adán y Eva para que le cedieran voluntariamente su autoridad, podría convertirse en el dios de este mundo. Podría tomar la autoridad que se le había dado a la humanidad, usarla para arruinar el reino de Dios y recibir la alabanza, la adoración y la gloria que deseaba.

Principados, potestades, gobernadores y regiones celestes

Porque no tenemos lucha contra sangre y carne, sino contra principados, contra potestades, contra los gobernadores de las tinieblas de este siglo, contra huestes espirituales de maldad en las regiones celestes.

Efesios 6:12

¿Sabías que hay cuatro cosas mencionadas en este versículo, y todas están relacionadas con lo demoníaco?

Aunque las personas pueden ser los involucrados, en realidad son principados demoníacos, potestades, gobernadores de las tinieblas, y huestes espirituales de maldad en las regiones celestes obrando por medio de ellos.

En 2009, compramos una propiedad en Woodland Park, Colorado, y durante dos años y medio, traté de obtener los permisos para empezar a construir nuestro nuevo campus para el instituto bíblico, Charis Bible College. Ya teníamos todos los planos hechos y estábamos listos para empezar. Pero varias personas nos obstaculizaron de muchas maneras. Contratamos abogados y fuimos a las reuniones del gobierno local, pero la oposición era increíble.

Así que, me mantuve firme en la fe. Fui paciente y alababa a Dios todos los días cuando pasaba enfrente de aquella propiedad. Declaré bendiciones sobre ella y dije que obtendríamos los permisos y empezaríamos a construir. Pero después de dos años y medio —y no sé por qué tardó tanto— me enojé. Sentí una ira santa. Me di cuenta de que no era sólo la gente con la que estábamos tratando. Era el diablo. ¡Y me enojé! En ese momento,

> **No es realmente la gente con quien estamos lidiando: es Satanás.**

empecé a gritarle al diablo y a decirle que quitara sus manos de esa propiedad.

Ahora bien, yo no deseaba que les sucediera nada malo a los que se nos oponían, pero declaré que, o se quitaban de en medio, o iban a ser derribados. Y, en el nombre de Jesús, ¡ordené al poder demoníaco que nos estaba obstaculizando que se detuviera!

A la semana siguiente obtuvimos el permiso, ¡alabado sea el Señor! Pero me preguntaba por qué me tomó dos años y medio enojarme lo suficiente por lo que el diablo estaba haciendo para empezar a tomar mi autoridad. Así como hay autoridades en el reino físico (gobierno humano), hay autoridades demoniacas en el reino espiritual, y están trabajando contra nosotros. Una vez que nos damos cuenta de que tenemos autoridad en el reino espiritual, podemos recuperar el terreno que Satanás nos ha robado y eliminar cualquier obstáculo a los planes de Dios en nuestras vidas.

A lo largo de los años, hemos librado más batallas por los confinamientos impuestos por el gobierno y la oposición a ampliar nuestro campus de Charis. Pero, alabado sea Dios, ¡seguimos creciendo y estamos haciendo lo que tenemos que hacer! Aunque me doy cuenta de que tenemos que hacer cosas en el ámbito natural, y tenemos que lidiar con la gente, ya no estoy esperando pasivamente para lidiar con el diablo y reprender la oposición demoníaca; estoy tomando mi autoridad sobre el poder demoníaco que opera por medio de la gente.

Cuidado con el enemigo

Si no te rindes a Satanás como Adán y Eva se rindieron, y no le das autoridad en tu vida, no debes tenerle miedo. Pero debes estar alerta. Debemos estar en guardia. No debemos ser complacientes. Colosenses 2:8 dice,

Mirad que nadie os engañe [spoil] por medio de filosofías y huecas sutilezas, según las tradiciones de los hombres, conforme a los rudimentos del mundo, y no según Cristo.

La palabra *mirad* se utiliza en el sentido de un centinela de guardia. Da la idea de que debemos estar en guardia o estar alerta. Y la versión *King James* usa la palabra *spoil,* que puede traducirse como botín y se refiere a los despojos de guerra que van al que obtiene la victoria, el oro, la plata y la tierra. Pablo estaba diciendo que debes estar en guardia, o serás vencido por un enemigo que te despojará de tu tesoro, que es la verdad que Dios ha puesto en tu corazón. Ese enemigo, Satanás quiere robarte, usando las filosofías del mundo y las tradiciones religiosas del hombre, lo que Dios te ha dado

La tradición religiosa dice que Dios es soberano, que Él lo controla todo. Dice que sólo ocurre lo que Dios permite. Algunos incluso dicen que Satanás es como un perro con correa; que Dios le permite poner enfermedad y pobreza en la gente.

¡No! Eso está mal, mal, mal. Juan 10:10 dice: «*El ladrón* [Satanás] *no viene sino para hurtar, matar y destruir*».

Creo que la «soberanía de Dios» es la peor doctrina de la iglesia en la actualidad. Sé que esta es una afirmación sorprendente, y es casi una blasfemia para algunas personas, pero la forma en que la soberanía se enseña hoy en día es un verdadero asesino de la fe. La creencia de que Dios controla todo lo que nos sucede es una de las mayores incursiones del diablo en nuestras vidas. Satanás es el que está tratando de robarnos, matarnos y destruirnos. Si no nos damos cuenta —si nos dejamos engañar por la «tradición de los hombres»— nuestro enemigo se aprovechará y causará toda clase de problemas.

Durante la guerra de Vietnam, me asignaron a una pequeña base de apoyo de fuego que estaba a cuarenta y una millas de la instalación militar estadounidense más cercana. Una base de apoyo de fuego es un puesto aislado que proporciona apoyo de artillería a los soldados sobre el terreno. A veces tenía que hacer guardia de búnker. Mi deber era sentarme en lo alto del búnker y vigilar los posibles ataques del enemigo. Algunos no se tomaban en serio la guardia y se pasaban el turno durmiendo, pero yo no podía hacerlo. Estábamos en guerra, y dormirse durante la guardia ponía en peligro la vida de todos.

Pasé mi vigésimo primer cumpleaños en Vietnam, y de hecho recibí veintiún impactos directos en el búnker en el que estaba, y pude ver el fuego en la boca de las armas de nuestros enemigos. En noches como esa, puedo asegurarte que nadie se dormía durante la guardia del búnker. Nos tomábamos muy en serio las cosas porque sabíamos que el enemigo andaba por ahí fuera intentando matarnos. Los cristianos deben tener la misma actitud de vigilancia.

Enójate con el Diablo

Efesios 4:26 dice,

Enójense, pero no pequen; no se ponga el sol sobre su enojo (Reina Valera Actualizada – 2015).

Eso no significa que confieses toda tu ira antes de acostarte por la noche. Eso significa: enójate, pero no peques. Hay una clase de ira santa que usas contra el diablo, y nunca debes ponerla a dormir

En Santiago 4:7, la Biblia dice,

Someteos, pues, a Dios; resistid al diablo, y huirá de vosotros.

La palabra *resistir* significa luchar activamente contra *la persona o cosa que le ataca*. Por eso no debes dejar que se ponga el sol sobre tu enojo en contra el diablo. Sigue luchando activamente contra él. Pero ¿por qué debemos luchar contra el diablo? ¿No debería Dios luchar por nosotros? Fíjate, Santiago 4:7 dice que él huirá de *ti*.

Como ves, ya no existe un conflicto directo entre Dios y el diablo. Jesús ya se enfrentó al diablo en una batalla, y venció a Satanás sin paliativos. Jesús tomó las llaves de la muerte y del infierno (Ap. 1:18). Él exhibió públicamente a Satanás derrotado para que todos lo vieran (Col. 2:15). Jesús es el Señor, ¡amén!

El diablo no huye de Dios directamente. Pero Dios compartió su autoridad contigo y conmigo. Así que, aunque Satanás no está luchando directamente contra Dios, viene contra ti y contra mí con acechanzas, mentiras y engaños (Ef. 6:11). Satanás está luchando contra ti, contra mí y contra otros creyentes. Debemos tomar nuestra autoridad y resistir al diablo para que huya de nosotros.

Una vez, estaba ministrando a una persona que apenas había dejado de servir al diablo y le había dado un gran acceso a su vida. Le dije, «Puedo echar fuera a este diablo, pero a menos que estés de acuerdo conmigo, esta cosa volverá siete veces peor (Mt. 12:45). Tú tienes que *resistir* al diablo».

Nos arrodillamos alrededor de una mesa de café y le dije: «Quiero que le digas al diablo que vuelves a tomar el derecho que le habías dado, que te arrepientes y que ya no vas a vivir así. Quiero que resistas al diablo y se lo digas, y luego voy a orar y a echar fuera a este demonio». Entonces, esta persona empezó a decir: «Querido diablo...», y yo tuve que detenerla ahí mismo y corregirla, diciéndole: «Decir querido diablo, por favor déjame en paz», no es resistir al diablo. No, no debes abordarlo de esa manera. ¡Debes enojarte!

Dios nos dio la capacidad de enojarnos. Lo triste es que la mayoría de nosotros la usamos contra la gente. Sin embargo, no debemos enojarnos con la gente. Debemos enojarnos, pero sin pecar, y debemos dirigir nuestra ira al poder demoniaco que opera *por medio* de la gente. El hecho es que la gente está siendo influenciada, controlada y usada por el diablo para obstaculizar lo que Dios nos llamó a hacer.

Ahora, puedes estar pensando, ¿la gente está poseída, oprimida o deprimida? Creo que es inútil debatir eso. En el griego, donde la Biblia dice que una persona estaba poseída por el demonio, la palabra literalmente significa *endemoniada*. Significa que estaban bajo el control del diablo. El cristianismo ha tratado de distinguir entre poseído, oprimido o deprimido, pero eso no está en las Escrituras.

Mantén tu ira enfocada en el diablo y úsala contra él en vez de contra la gente.

Satanás utiliza a las personas

Recibo muchas críticas por las verdades que comparto. Hubo un tiempo en que me lo tomaba como algo personal y pensaba: «¿por qué esta persona está tan molesta conmigo?». Intentaba tratar con ellos en al ámbito natural.

Desde entonces, he llegado a reconocer que Satanás es el que está tratando de desviar mi atención de lo que Dios me ha dicho que haga. Reconozco que el enemigo está utilizando a alguna persona para atacarme. Incluso he tenido algunos buenos amigos que han venido contra mí, pero he sido capaz de perdonarlos. Reconocí que tenían una sensibilidad en algún área que Satanás aprovechó y usó en mi contra. Como veo más allá de la persona y no tomo sus comentarios personalmente, soy capaz de poner las cosas en perspectiva y tratar con ello.

Hace años, hubo un ministro que le dijo a la gente que quemara mis materiales de estudio y que yo era el líder más astuto de un culto espurio que habían visto desde Jim Jones. Lo que dijeron no me bendijo, pero no dejé que eso me impidiera bendecirlos. Incluso di donativos a su ministerio. Años más tarde, compartimos la plataforma en un programa de televisión cristiano, y llegamos a conocernos hasta el punto de hacernos amigos. Eso no habría ocurrido si me hubiera tomado sus críticas como algo personal y hubiera luchado contra él. Fue el diablo el que vino contra mí por medio de esa persona. Tomé mi autoridad sobre el diablo, y seguí predicando el Evangelio y no lo tomé como algo personal. No voy a someterme a Satanás, entrar en contienda y abrir la puerta para que él obre en mi vida.

Si tuvieras una mentalidad bíblica, habría una gran diferencia en cómo respondes a las personas en situaciones difíciles. Reconocerías que no es esa persona que se sienta a tu lado en el trabajo; no es realmente tu vecino, tu cónyuge, o tus circunstancias las que vienen contra ti. Ellos pueden ser influenciados, inspirados y usados por Satanás, pero no son realmente el origen. Cuando entiendes genuinamente que no es una batalla física, cambia la manera en que respondes.

Jesús ejemplificó esta misma perspectiva. Reconocía cuando el diablo intentaba llegar a Él por medio de una persona.

Después de que Pedro, bajo la influencia de Dios, confesara a Jesús como «*el Cristo, el Hijo de Dios viviente*» (Mt. 16:16), el Señor explicó a sus discípulos acerca de su próxima crucifixión, muerte y resurrección. Pedro respondió: «*Señor, ten compasión de ti; en ninguna manera esto te acontezca*» (Mt. 16:22). Al parecer, a Pedro se le había escapado que Jesús había dicho que resucitaría al tercer día. Pedro ni siquiera quería considerar la idea de que lo llevaran y lo mataran.

Jesús le dijo a Pedro en Mateo 16:23,

¡Quítate de delante de mí, Satanás!; me eres tropiezo, porque no pones la mira en las cosas de Dios, sino en las de los hombres.

Jesús reconoció que Satanás hablaba por medio de Pedro. Hay veces en que el diablo habla por medio de la gente para llegar a ti. Por supuesto, ellos pueden no estar conscientes de que están siendo usados por Satanás. Pedro probablemente se sorprendió, se sintió herido y ofendido cuando Jesús se dio la vuelta y le dijo: «¡Quítate de delante de mí, Satanás!». Sin embargo, hay veces en las que también debes reprender al diablo de esa manera.

Reprender la incredulidad

Cuando nuestro hijo mayor Joshua tenía un año, mi madre nos invitó a ir de vacaciones a las *Smoky Mountains*. Jamie y yo no teníamos dinero, así que ella se ofreció a pagarlo todo.

Ahora bien, mi madre acababa de empezar a tratar de creer en Dios para la sanidad, pero cuando trató de resistir un resfriado y no funcionó, se desanimó. Cuando empezamos a viajar con nuestro hijo, ella dijo: «Mantenlo lejos de mí. Va a agarrar mi resfriado y se va a enfermar».

Jamie y yo no creíamos en eso. Creíamos en la sanidad y en que nuestro hijo no se enfermaría, así que le dije amablemente: «Va a estar bien. No se resfriará. En el nombre de Jesús, él es sano».

Pero mi madre no dejaba de hablar negativamente durante ese viaje. Por ejemplo, dijo:

—No tenemos dinero para viajar.

—Y yo le dije: Si no tienes dinero, démonos la vuelta ahora porque yo no tengo dinero y no puedo ayudarte.

—Ella dijo: Oh, tengo mucho dinero.

Pero tenía una actitud negativa. Cuando nuestro hijo se sentó frente al aire acondicionado, ella dijo:

—Oh, se va a resfriar.

—Y yo le decía: No se va a resfriar.

Cada vez que ella decía algo negativo, yo lo refutaba e intentaba decir lo contrario.

La primera noche de nuestro viaje paramos en un hotel y nos alojamos todos en la misma habitación. Teníamos una cunita para Joshua. Alrededor de las 11:00 p.m., Joshua se despertó con un crup en la garganta que se podía escuchar en la habitación de al lado. Entonces, me levanté y oré en lenguas por él, reprendí la tos, declaré sanidad, y estaba bien en unos veinte minutos. Acosté a Joshua y volví a la cama, pero treinta minutos después se despertó de nuevo tosiendo.

Así estuve como un yoyó, levantándome y acostándome, hasta las dos o las tres de la madrugada.

Finalmente, más tarde, mientras regresaba yo a la cama después de haber vuelto a poner a dormir a Joshua, oí a mi madre que decía: «Admítelo, Andy, está enfermo». Entonces, me puse en su cara y le dije: «Satanás, en el nombre de Jesús, ato tu confesión. Me niego a escuchar tu incredulidad. Mi hijo no se enfermará. ¡Rechazo todo lo que dices!».

Joshua no volvió a despertarse esa noche, nunca se enfermó, ¡pero mi madre no me dirigió la palabra durante dos días! Estábamos de vacaciones, pasándola de maravilla, pero ella no me dirigió la palabra.

Cuando mi madre finalmente habló, dijo: «¡Lamento que pienses que soy el diablo!». Así que le dije: «Madre, sabes que no creo que seas el diablo, pero eso era el diablo hablando por medio de ti».

No digo que solamente estamos en una batalla espiritual; también hay una batalla en el ámbito físico. Hay oposición demoniaca, y fluye por medio de la gente. Hay veces que tenemos que actuar y hablarles a las personas, y hay veces que tenemos que luchar contra las influencias demoníacas.

Las palabras tienen poder

Al día siguiente, cuando salieron de Betania, tuvo hambre. Y viendo de lejos una higuera que tenía hojas, fue a ver si tal vez hallaba en ella algo; pero cuando llegó a ella, nada halló sino hojas, pues no era tiempo de higos. Entonces Jesús dijo a la higuera: Nunca jamás coma nadie fruto de ti. Y lo oyeron sus discípulos.

Marcos 11:12-14

Jesús tenía hambre y vio una higuera. Tenía hojas, pero no higos. Como no tenía higos, ¡la maldijo! Entonces, ¿qué estaba pasando aquí?

Verás, en Israel, una higuera produce higos al mismo tiempo o antes de producir hojas. Si una higuera tiene hojas, se supone que tiene higos. Jesús vio que esta higuera tenía hojas. Todavía no era tiempo de higos, pero tampoco de hojas. Él iba a coger unos higos y comérselos; pero cuando llegó allí, no había higos.

Este árbol estaba fuera de orden. Jesús le habló y le dijo: «*Nunca jamás coma nadie fruto de ti*». Y la Biblia hizo mención especial de que «*lo oyeron sus discípulos*». Ellos se dieron cuenta de que Él le había hablado a esta higuera. Luego, todos se fueron a Jerusalén (Mr. 11:15-16).

Jesús echó a los cambistas del templo, volcó sus mesas y luego volvieron a donde Él se alojaba en Betania. El Evangelio de Marcos no lo dice, pero se da a entender que Jesús y los discípulos volvieron por el mismo camino más tarde ese mismo día y no notaron ninguna diferencia en esta higuera. Pero en el versículo 20 de ese mismo capítulo, dice,

Y pasando por la mañana, vieron que la higuera se había secado desde las raíces.

¡Eso sí que es asombroso!

Jesús le habló a la higuera el día anterior cuando entraban en Jerusalén, y al día siguiente estaba «seca desde las raíces». ¡Eso es muy significativo! Eso significa que en el momento en que Jesús le habló a la higuera, ésta se murió. Pero lo que sucedió debajo de la superficie tardó unas veinticuatro horas en manifestarse por encima de la superficie.

Hay tantas aplicaciones de esto. En el mismo momento en que le hablas a una situación —una enfermedad en tu cuerpo, la pobreza, o cualquier otra cosa— y crees con todo tu corazón y no dudas, recibes. Pero tienes que creer que recibes cuando *oras*, no cuando lo ves. Es entonces cuando lo *recibirás,* y después lo *verás.*

Marcos 11:20-21 dice: «*Y pasando por la mañana, vieron que la higuera se había secado desde las raíces. Entonces Pedro, acordándose, le dijo: Maestro, mira, la higuera que maldijiste se ha secado*».

Jesús estaba a punto de enseñar a sus discípulos un principio clave sobre cómo usar la autoridad.

Háblale a tu montaña

Jesús acababa de hablarle a la higuera. No usó un hacha, ni saló la tierra, ni hizo nada físico. Sólo habló, y ésta se murió. Y al día siguiente, estaba completamente muerta. Los discípulos se quedaron estupefactos. Estaban asombrados del poder y la autoridad que Jesús tenía.

Y Jesús les dijo: «*Tened fe en Dios. Porque de cierto os digo que cualquiera que dijere a este monte: Quítate y échate en el mar, y no dudare en su corazón, sino creyere que será hecho lo que dice, lo que diga le será hecho*» (Mr. 11:22-23).

El verbo *decir* se utiliza cuatro veces. Jesús enfatizó que la manera de usar la autoridad es por medio de palabras. Dios Todopoderoso usó palabras para crear el mundo (He. 11:3). Las palabras son una fuerza poderosa, y debemos entender que todo en el reino natural responde a las palabras. Es triste decirlo, pero la mayoría de los cristianos le hablan a Dios acerca de su montaña en vez de hablarle a su montaña acerca de Dios. La montaña representa cualquier problema que tengas. Jesús declaró: «¡Háblale a tu montaña y ordénale que se eche al mar!». El cristiano promedio ora: «Dios, tengo esta montaña. ¿Podrías por favor moverla por mí?». Este tipo de oración no es útil. El Señor te dijo que le hablaras a *ella*, no a Él. Sea lo que sea, ¡háblale! Esta es una verdad acerca de la autoridad que la mayoría de la gente pasa por alto.

Una vez, Charles Capps estaba en medio de una oración cuando el Señor le dijo: «¿Qué estás haciendo?». Charles respondió: «Estoy orando». Pero el Señor lo corrigió diciéndole: «No, no lo estás haciendo. Te estás quejando».[2]

Quiero que sepas que el propósito de la oración no es informar al «pobre y desinformado» Dios sobre tus problemas. Tenemos que reconocer que Dios ya conoce todas nuestras necesidades (Mt. 6:8) y ya ha

> Jesús enfatizó que la manera de usar la autoridad es por medio de tus palabras.

hecho provisión para ellas «*conforme a sus riquezas en gloria en Cristo Jesús*» (Fil. 4:19).

Dios puede hacer «*todas las cosas mucho más abundantemente de lo que pedimos o entendemos*» (Ef. 3:20), pero ese no es el final de ese versículo. La mayoría de la gente piensa que se detiene ahí, pero el apóstol Pablo también escribió «*según el poder que actúa en nosotros*». Como creyentes, tenemos poder —poder que resucita a los muertos (Ef. 1:20) — en nuestro interior, ¡y liberamos ese poder ejerciendo autoridad con nuestras palabras!

Lo que hizo que Jesús nos dijera que le hablemos a nuestra montaña, fue la higuera que le habló a Él por sus hojas en Marcos 11:13. Jesús le respondió a la higuera, y ésta obedeció su orden. A veces las circunstancias nos hablan. A veces nuestro cuerpo nos habla a través de síntomas, o nuestra billetera nos habla cuando nos invitan a dar donativos y tenemos una pila de facturas frente a nosotros. Cuando esto sucede, debemos seguir el ejemplo de Jesús, y usar la autoridad que Dios nos ha dado.

Contéstale a tus problemas

Si algo te habla, tienes que contestarle. Yo me dirijo específicamente a la televisión y la radio.

Cuando las noticias dicen que es temporada de gripe y que te vas a enfermar porque el tiempo ha cambiado, les contesto. Cuando las noticias me digan que estamos en recesión y que no podemos crecer, les contestaré.

Recuerdo que cuando ocurrió la llamada «Gran recesión» en 2008, Dios me dijo que debíamos empezar a expandir nuestro instituto bíblico. En el área de Colorado Springs, donde se encontraba nuestro ministerio en esa época, había cientos de organizaciones cristianas sin fines de lucro. Durante ese mismo tiempo, muchos de esos ministerios comenzaron a planear para enfrentar una disminución de ingresos. Recortaron sus presupuestos significativamente. Yo conocía personalmente a muchos de esos ministros, así que me enteraba de estas cosas. Cuando escuchaba a la gente hablar de cómo estaban

> Si algo me habla, y es algo contrario a la Palabra de Dios, yo le hablo.

recortando y disminuyendo, yo lo refutaba diciendo: «¡Yo no! Mi Dios suple *todo lo que* [me] *falta conforme a sus riquezas en gloria en Cristo Jesús*» (Fil. 4:19).

Hice algunas predicciones muy audaces, inspiradas por Dios. No conocía los detalles específicos, ni las dificultades a las que nos enfrentaríamos, ni el costo exacto, pero dejé constancia de que íbamos a construir para acomodar el crecimiento. En vez de recortar, íbamos a ampliar. Simplemente nos negamos a participar en la recesión, ¡amén!

Más o menos en ese tiempo, compramos una propiedad en Woodland Park y comenzamos la mayor expansión con el mayor aumento de gastos en nuestro ministerio hasta ese momento. Y debido a las cosas que hablé, en nueve años, construimos propiedades y edificios con un valor de 130 millones de dólares, ¡y lo hicimos libre de deudas! Hubo cosas que hice en al ámbito natural, como compartir la visión de Dios en la televisión y con nuestros asociados, pero gran parte de nuestro éxito vino porque tomé mi autoridad y hablé en contra de las cosas negativas que la gente estaba diciendo.

Aquella recesión era una montaña a la que tuve que hablarle. Las noticias y los expertos trataron de hacerla tan grande que la llamaron «Grande». En vez de hablarle a la recesión sobre su Dios, muchos cristianos le hablaban a Dios sobre la recesión. Los ministros del Evangelio estaban impidiendo que la visión de Dios se cumpliera al decirle literalmente: «Sé que dijiste que suplirías todas mis necesidades, pero hay recesión».

Es importante que, como creyentes, no solo confesemos lo correcto diciendo lo que la Biblia dice sobre una situación, sino que también tenemos que guardarnos de los pensamientos contrarios a la Palabra de Dios, para que no se conviertan en nuestras palabras.

«No se afanen diciendo»

Por tanto, no se afanen diciendo: ¿Qué comeremos? ¿O qué beberemos? ¿O con qué nos cubriremos? Porque los gentiles buscan todas estas cosas, pero el Padre de ustedes que está en los cielos sabe que tienen necesidad de todas estas cosas. Mas bien, busquen primeramente el reino de Dios y su justicia, y todas estas cosas les serán añadidas.

Mateo 6:31–33, *Reina Valera Actualizada - 2015*

Jesús dijo: «*No se afanen diciendo*». Es posible que no puedas evitar que te vengan pensamientos, sobre todo porque vivimos en un mundo en el que nos inunda la información negativa que viene de la internet, la televisión y otros medios de comunicación. Pero no se convierten en *tus* pensamientos hasta que los dices. Kenneth E. Hagin describió este concepto citando un viejo dicho: «¡No puedes evitar que los pájaros vuelen sobre tu cabeza, pero puedes evitar que construyan un nido en tu cabello!»[3]

No necesariamente puedes evitar que te lleguen todos los pensamientos porque vivimos en un mundo caído. Aunque apagues la televisión y evites las redes sociales, familiares y amigos bien intencionados pueden compartir información negativa contigo. Pero no tienes que aceptar esos pensamientos; y la manera de evitar aceptarlos es no hablarlos.

El poder de Dios se libera por medio de las palabras. Cuando hablas, si crees lo que dices en tu corazón y no dudas, liberas esta autoridad, y los poderes demoníacos se te someterán. Pero es algo que tiene que convertirse en un estilo de vida. Tienes que entrenarte a ti mismo para decir de corazón lo que dices.

El Salmo 15:4 dice que el hombre que teme al Señor jura en su propio perjuicio, y no cambia. Eso significa que cumplimos nuestras promesas, aunque parezca que no nos beneficiará en nada en lo natural. Jurar en nuestro propio perjuicio y no cambiar se considera una característica piadosa. Cumplir con lo que decimos es lo correcto, incluso cuando no es algo que queramos hacer.

Si le vas a hablar a las cosas y ver que la autoridad de Dios se libera, vas a tener que empezar a creer en el poder de las palabras. Eso significa que debes dejar de romper promesas o de decir cosas que son destructivas para ti mismo y para los demás. Quizá has escuchado a algunas personas decir cosas como: «Esto me mata de la risa» o «Eso me mata de miedo». La única razón por la que no se caen *muertos* cuando dicen algo así es porque no lo dicen en serio. Romanos 10:10 dice que tienes que confesar con tu boca *y* creer en tu corazón. Pero estas personas siguen enseñando a sus corazones a ignorar sus propias palabras porque simplemente no son sinceros con lo que dicen.

No puedes vivir toda la semana anulando totalmente tus palabras, y luego hacer una declaración y creerle a Dios cuando te topas con algo. Tu corazón va a ir en la dirección de tus pensamientos dominantes. Y si vives la mayor parte del tiempo carnalmente y no respaldas tus palabras, cuando algo grande se presente y trates de declarar tu fe, no va a funcionar.

Por lo tanto, puedes hablarle a tu montaña con palabras llenas de fe y eliminar los obstáculos que impiden que se cumpla la voluntad de Dios. También puedes reprender a Satanás cuando está obrando en la gente por medio de la incredulidad. ¿Pero cómo aplicas tu autoridad cuando estás creyendo para influenciar a alguien más para Dios?

Interceder por otra persona

Tenemos poder y autoridad en el reino espiritual, pero no tenemos autoridad sobre otras personas. Tú no puedes simplemente orar y hacer que otras personas hagan lo que tú o Dios quieren que hagan. Específicamente, no puedes orar y exigir la salvación de una persona.

Ellos no pueden nacer de nuevo por tu fe. Dios no tiene nietos. Cada persona debe tener su propia relación personal con Dios. Entonces, quiero mostrarte cómo la autoridad del creyente obra específicamente en la intercesión por otras personas.

Lo primero que hago cuando intercedo por otros es acordarme de 2 Pedro 3:9, que dice,

El Señor no retarda su promesa, según algunos la tienen por tardanza, sino que es paciente para con nosotros, no queriendo que ninguno perezca, sino que todos procedan al arrepentimiento.

En vez de dirigirme a Dios como si Él fuera el problema, empiezo alabándolo por su bondad (Sal. 100:4): «Padre, gracias porque eres un Dios bueno. No es tu culpa que esta persona no haya nacido de nuevo. No eres Tú quien no

> **Tu corazón va a ir en la dirección de tus pensamientos dominantes.**

los ha salvado. Tú no quieres que nadie perezca, sino que todos procedan al arrepentimiento. Jesús, Tú ya has muerto por esta persona (1 Jn. 2:2). Tú quieres que nazcan de nuevo más que yo».

En 2 Corintios 4:4, el apóstol Pablo escribió,

En los cuales el dios de este siglo [Satanás] cegó el entendimiento de los incrédulos, para que no les resplandezca la luz del evangelio de la gloria de Cristo, el cual es la imagen de Dios.

Así que hay que reprender la ceguera espiritual, pero también hay que hacer algo para que la verdad llegue a la gente. Jesús dijo en Juan 8:32,

Y conoceréis la verdad, y la verdad os hará libres.

Sólo la verdad que conoces te hace libre.

Una persona no puede venir al Señor por sí misma. Tiene que ser atraída por el Espíritu Santo. Jesús dijo en Juan 6:44,

Ninguno puede venir a mí, si el Padre que me envió no le trajere.

Además, las personas nacen de nuevo, *«no de simiente corruptible, sino incorruptible, por la palabra de Dios»* (1 P. 1:23).

El apóstol Pedro llama a la Palabra de Dios una semilla, como un espermatozoide. El modo en que se conciben los hijos es a través de un espermatozoide que se siembra. Del mismo modo, la Palabra de Dios es el esperma, la semilla de Dios. Así es como las personas nacen de nuevo. No nacen de nuevo por un nacimiento virginal. Alguien, de alguna manera tiene que plantar la semilla de la Palabra de Dios.

En Mateo 9:37-38, Jesús dijo a sus discípulos,

A la verdad la mies es mucha, mas los obreros pocos. Rogad, pues, al Señor de la mies que envíe obreros a su mies.

Personalmente creo que no te puede sustituir otra persona si antes tú puedes ir y compartir la Palabra con ellos. Si es posible, debes «darles pies» a tus oraciones (Ro. 10:17). Si por alguna razón no puedes compartir la Palabra con esa persona, *entonces* ora pidiendo que obreros se crucen en su camino. También puedes orar para que Dios traiga a su memoria las semillas que ya han sido sembradas: las verdades que ya han escuchado. En Juan 14:26, Jesús dijo,

Mas el Consolador, el Espíritu Santo, a quien el Padre enviará en mi nombre, él... os recordará todo lo que yo os he dicho.

Hacer la diferencia

Recuerdo una vez en el ejército, en Fort Dix, Nueva Jersey, cuando estaba esperando a que me pagaran, hacía frío fuera. Unos cuarenta soldados estábamos acurrucados en una pequeña estructura, protegidos del viento, y tuvimos que esperar unos treinta minutos.

Mientras estábamos allí, un tipo se puso a blasfemar contra Dios y a decir cosas terribles sobre Jesús. Yo estaba sentado allí pensando: «oh, Dios, ayúdame a hacer la diferencia en esta situación». Casi al mismo tiempo, ese hombre se detuvo y dijo: «Esa no es manera de hablar para un "buen bautista de antaño portador de la Biblia de Scofield"». Entonces le respondí: «Deberías leerla alguna vez. ¿No has leído nunca Mateo 12:36–37?».

Mas os digo que de toda palabra ociosa que hablen los hombres, de ella darán cuenta en el día del juicio. Porque por tus palabras serás justificado, y por tus palabras serás condenado.

Vaya que si se enfadó. Este tipo empezó a abrirse paso entre la multitud, y justo en el momento en que se acercó a mí, le dije: «Aquí tienes otra cita bíblica: Gálatas 4:16»:

¿Me he hecho, pues, [tu] enemigo, por [decirte] la verdad?

Aquel tipo estaba cara a cara conmigo, pero se detuvo, me dio la espalda y no dijo ni una palabra más. Ahí estábamos, todos acurrucados en un silencio absoluto. ¡Tampoco se escucharon más blasfemias! Lo que dije cambió todo el ambiente espiritual. De hecho, durante las seis semanas siguientes, no me dirigieron la palabra. Cuando entraba en el barracón y todo el mundo estaba diciendo maldiciones, me veían y se quedaban totalmente callados.

Más tarde, el hombre que estuvo blasfemando contra Dios vino a verme y me dijo: «Desde que tú me hablaste, no he podido dormir por las noches. He sentido mucha contrición». Llegué a enterarme de que, antes de alistarse en el ejército, este hombre había cantado en cuartetos de música cristiana, incluso había aparecido en el escenario con un grupo muy conocido. Pero allí estaba diciendo todo tipo de cosas impías sobre el Señor. Aunque nos separamos antes de que pudiera ministrarle más, años más tarde me enteré de que se había convertido en un ministro del Evangelio. ¡Alabado sea Dios!

Ahora, pues tal vez no hice todo perfectamente en esa situación, pero Dios lo usó. ¿Y qué hubiera sucedido si yo no hubiera tomado la autoridad que Dios me dio? ¿Qué habría sido de aquel hombre?

Ahora bien, es posible que la semilla de la Palabra de Dios hubiera llegado al interior de ese hombre cuando cantaba en las iglesias, y que el hecho de que yo le hablara con valor hubiera provocado algo que permitió que el Espíritu Santo le trajera las Escrituras a la memoria. También es posible que yo fuera el obrero que alguien más pidió en oración para que se cruzara en su camino. En cualquier caso, el asumir mi autoridad como creyente, pudo hacer la diferencia para Dios.

No debemos ser tímidos en situaciones donde la gente está maldiciendo, blasfemando, o realizando todo tipo de actos impíos. Como cristianos, ¡somos los que hemos sido hechos justos por Jesucristo! Son las otras personas las que deberían sentirse incómodas y no nosotros. ¡Tenemos que empezar a reconocer que somos los ungidos, por lo que debemos ejercer nuestra autoridad y hacer frente al diablo!

Conclusión

Tú y yo estamos en una batalla espiritual. Tenemos un enemigo, y él quiere robar, matar y destruir. Es triste decirlo, pero la mayoría de los cristianos no se dan cuenta de que están siendo pasivos y dejando que Satanás los domine al permitirle usar la autoridad que Dios les ha dado. A la gente se le enseña que Dios controla soberanamente las cosas. Ellos no entienden que Dios nos ha delegado autoridad; no es Dios quien está dejando que el diablo arruine las vidas de las personas. Somos nosotros.

El poder del engaño se quebranta completamente una vez que conoces la verdad. Satanás no tiene poder, excepto el que te ha quitado. Si conoces la verdad, cualquier engaño, cualquier mentira, cualquier falsedad simplemente pierde su poder. Te puedo garantizar, que estas cosas pueden ser contrarias a mucho de lo que has escuchado antes; pero, si puedes recibirlo, te ayudará.

Espero que después de leer este libro de bolsillo y meditar en algunas de las verdades que he compartido, estés listo para ejercer tu autoridad como creyente en Jesucristo. Lo que Satanás robó a Adán y Eva ha sido recuperado por Jesús por medio de Su muerte, sepultura y resurrección; y luego Él nos lo dio a nosotros.

Es hora de que empecemos a liberar nuestra autoridad y mantengamos al diablo bajo nuestros pies, ¡donde debe estar!

Si te gustó este libro de bolsillo, y te gustaría aprender más sobre algunas de las cosas que he compartido, te sugiero que obtengas la enseñanza completa de *La autoridad del creyente* en formato de libro, guía de estudio, álbum en DVD o CD. ¡Serás muy bendecido!

PARA MÁS ESTUDIO

La verdad te hará libre (Jn. 8:32), pero es solo la verdad que conoces la que te libera. Lo que no sabes, te está limitando. Profundiza en la verdad de la Palabra de Dios con estas enseñanzas:

- *Espíritu, alma y cuerpo*
- *¡Ya lo tienes!*
- *Una mejor manera de orar*

Estas enseñanzas están disponibles *gratis* para ver, escuchar o leer artículos en **awmi.net/español**, o para su compra en formato de libro, guía de estudio, CD o DVD en **awmi.net/store.**

Recibe a Jesucristo como tu Salvador

¡Optar por recibir a Jesucristo como tu Señor y Salvador es la decisión más importante que jamás hayas tomado!

La Palabra de Dios promete: «*Si confesares con tu boca que Jesús es el Señor, y creyeres en tu corazón que Dios le levantó de entre los muertos, serás salvo. Porque con el corazón se cree para justicia, pero con la boca se confiesa para salvación*» (Ro. 10:9-10). «Porque todo aquel que invocare el nombre del Señor, será salvo» (Ro. 10:13).

Por su gracia, Dios ya hizo todo para proveer tu salvación. Tu parte simplemente es creer y recibir.

Ora en voz alta: «Jesús, confieso que Tú eres mi Señor y mi Salvador. Creo en mi corazón que Dios te levantó de entre los muertos. Por fe en Tu Palabra, recibo ahora la salvación. ¡Gracias por salvarme!»

En el preciso momento en que le entregaste tu vida a Jesucristo, la verdad de Su Palabra instantáneamente se lleva a cabo en tu espíritu. Ahora que naciste de nuevo, ¡hay un tú completamente nuevo!

Por favor comunícate con nosotros para que nos digas si recibiste a Jesucristo como tu Salvador y para que solicites unos materiales de estudio gratis que te ayudarán a entender más plenamente lo que ha sucedido en tu vida. Llama a nuestra Línea de ayuda: +1 719-635-1111, para que hables con uno de nuestros operadores que están listos para ayudarte a crecer en tu relación con el Señor. ¡Bienvenido a tu nueva vida!

Citas bíblicas tomadas de la Reina-Valera 1960

Recibe el Espíritu Santo

Como Su hijo que eres, tu amoroso Padre Celestial quiere darte el poder sobrenatural que necesitas para vivir esta nueva vida.

> *Todo aquel que pide, recibe; y el que busca, halla; y al que llama, se le abrirá… ¿Cuánto más vuestro Padre celestial dará el Espíritu Santo a los que se lo pidan?*
>
> Lucas 11:10, 13b

¡Todo lo que tienes que hacer es pedir, creer y recibir!

Haz esta oración: «Padre, reconozco mi necesidad de Tu poder para vivir esta vida nueva. Por favor lléname con Tu Espíritu Santo. Por fe, ¡lo recibo ahora mismo! Gracias por bautizarme. Espíritu Santo, ¡eres bienvenido a mi vida!».

¡Felicidades! Ahora estás lleno del poder sobrenatural de Dios.

Algunas sílabas de un lenguaje que no reconoces surgirán desde tu corazón a tu boca (1 Co. 14:14). Mientras las declaras en voz alta por fe, estás liberando el poder de Dios que está en ti y te estás edificando en el espíritu (1 Co.14:4). Puedes hacer esto cuando quieras y donde quieras.

Realmente no interesa si sentiste algo o no cuando oraste para recibir al Señor y a Su Espíritu. Si creíste en tu corazón que lo recibiste, entonces la Palabra de Dios te asegura que así fue. *«Por tanto, os digo que todo lo que pidiereis orando, creed que lo recibiréis, y os vendrá»* (Mr. 11:24). Dios siempre honra Su Palabra; ¡créelo!

Por favor, escríbenos y dinos si hiciste la oración para ser lleno del Espíritu Santo y para recibir unos materiales de estudio gratis que tenemos para ti. Nos gustaría regocijarnos contigo y ayudarte a entender más plenamente lo que ha sucedido en tu vida. Llama a nuestra Línea de ayuda: +1 719-635-1111.

Citas bíblicas tomadas de la Reina-Valera 1960

Llama para pedir oración

Si necesitas oración por cualquier motivo y quieres hablar con uno de nuestros operadores en español, puedes llamar a nuestra Línea de ayuda al +1 719-635-1111, de lunes a viernes, 7:00 a.m. – 3:00 p.m. (hora estándar de la montaña). Un ministro capacitado recibirá tu llamada y orará contigo. Si nos llamas fuera de los EE.UU., comunícate con nosotros por WhatsApp siguiendo este enlace: wa.link/AWMMexico.

Cada día, recibimos testimonios de sanidades y otros milagros por medio de nuestra Línea de ayuda, y estamos compartiendo las noticias que son casi demasiado buenas para ser verdaderas del Evangelio con más personas que nunca. Por lo tanto, ¡te invito a que llames hoy!

El autor

La vida de Andrew Wommack cambió para siempre en el momento que él se encontró con el amor sobrenatural de Dios el 23 de marzo de 1968. Como autor y maestro de renombre de la Biblia, Andrew ha asumido la misión de cambiar la manera como el mundo percibe a Dios.

La visión de Andrew es llevar el Evangelio tan lejos y tan profundo como sea posible. Su mensaje llega lejos por medio de su programa de televisión *The Gospel Truth* (*La Verdad del Evangelio*), que está disponible para casi la mitad de la población mundial. El mensaje penetra profundamente por medio del discipulado en el instituto Bíblico, Charis Bible College, con su sede en Woodland Park, Colorado. Establecido en 1994, Charis tiene planteles en varios lugares de los Estados Unidos y por todo el mundo.

Andrew también cuenta con una extensa biblioteca de materiales para la enseñanza en formatos impresos, de audio y de video. Más de 200,000 mil horas de enseñanzas gratis en inglés, están disponibles en su sitio web **awmi.net**. Para alcanzar a la gente que habla español, y llevarlos a un conocimiento más profundo de la Palabra, su sitio web **awmi.net/español** ofrece gratuitamente videos y artículos de sus enseñanzas más populares.

Endnotes

1. *Vine's Expository Dictionary of New Testament Words*, s.v. "wiles," se accedió el 7 de febrero de 2023, https://www.blueletterbible.org/search/Dictionary/viewTopic.cfm?topic=VT0003343

2. Charles Capps, "Decrees: Their Force & Power," Har¬rison House, se accedió el 7 de febrero de 2023, https://harrison¬house.com/blog/charles-capps-decrees-their-force-and-power

3. Kenneth E. Hagin, *The Triumphant Church*, Broken Arrow, OK: Faith Library Publications, 1993 (Sixth Printing, 1996), 59. Este estudio también está disponible en español con el título, *La iglesia triunfante: Dominio sobre todos los poderes de las tinieblas.*

Contact Information

Andrew Wommack Ministries
PO Box 3333
Colorado Springs, CO 80934-3333
Correo electrónico: **info@awmi.net**

Charis Bible College
Para obtener más información sobre los cursos en inglés que Charis ofrece:
info@charisbiblecollege.org
+1 844-360-9577
CharisBibleCollege.org

Línea de ayuda: +1 719-635-1111
(Para español: lunes a viernes 7:00 a.m. – 3:00 p.m. MT.
Para inglés: lunes a domingo las veinticuatro horas del día).

Página en español: **awmi.net/español**
Página en inglés: **awmi.net**

Para ver la lista de todas nuestras oficinas, visite:
awmi.net/contact-us.

Conéctate con nosotros en las redes sociales.

Made in the USA
Las Vegas, NV
23 June 2025